VOTE DU CONCORDAT

DÉCHÉANCE

DU

CRÉANCIER HYPOTHÉCAIRE INSCRIT

OBSERVATIONS SUR L'ARTICLE 508 DU CODE DE COMMERCE

PAR

M. O. DALMBERT

DOCTEUR EN DROIT

CONSEILLER A LA COUR D'APPEL DE ROUEN

(Extrait de la *FRANCE JUDICIAIRE*)

PARIS

A. DURAND ET PEDONE-LAURIEL, ÉDITEURS

LIBRAIRES DE LA COUR D'APPEL ET DE L'ORDRE DES AVOCATS

G. PEDONE-LAURIEL, Successeur

13, rue Soufflot, 13

1893

VOTE DU CONCORDAT

DÉCHÉANCE

DU

CRÉANCIER HYPOTHÉCAIRE INSCRIT

OBSERVATIONS SUR L'ARTICLE 508 DU CODE DE COMMERCE

PAR

M. O. DALMBERT

DOCTEUR EN DROIT

CONSEILLER A LA COUR D'APPEL DE ROUEN

(EXTRAIT DE LA *FRANCE JUDICIAIRE*)

PARIS

A. DURAND ET PEDONE-LAURIEL, ÉDITEURS

LIBRAIRES DE LA COUR D'APPEL ET DE L'ORDRE DES AVOCATS

G. PEDONE-LAURIEL, SUCCESSEUR

13, RUE SOUFFLOT, 13

1893

VOTE DU CONCORDAT

DÉCHÉANCE DU CRÉANCIER HYPOTHÉCAIRE INSCRIT

OBSERVATIONS SUR L'ARTICLE 508 DU CODE DE COMMERCE[1]

1. — L'interprétation du deuxième alinéa de l'article 508 du code de commerce, qui porte que *le vote au concordat par le créancier hypothécaire inscrit, ou dispensé d'inscription, emporte de plein droit renonciation à son hypothèque*, a fait naître de sérieuses difficultés.

Par un arrêt du 30 mars 1892, la cour de Rouen, appelée à juger comme cour de renvoi, après cassation d'un arrêt de la cour de Paris pour défaut de motifs, a statué sur quelques-unes de ces difficultés.

L'intérêt pratique qui s'attache à la solution des questions agitées et la discussion brillante dont elles ont été l'objet devant la cour de Rouen, nous ont déterminé à en faire un examen spécial.

Ces questions qui ont arrêté la pratique, mais qui n'ont pas toutes fait l'objet des préoccupations de la doctrine, sont nombreuses et variées : elles ouvrent le champ à de vives controverses.

Au seuil de notre étude, il importe avant tout, pour orienter le lecteur, de préciser les points en discussion et de déterminer dans quelles limites ce travail va se circonscrire. A cet effet nous ne pouvons faire mieux que de commencer par exposer

(1) Nous ne nous occuperons que du cas où l'hypothèque grève un immeuble appartenant au failli. Nous estimons en effet avec la jurisprudence que l'article 508 doit être restreint à ce cas et ne régit pas celui où l'immeuble grevé appartient à un tiers. Voir en ce sens : Boistel, n. 1036; Rennes, 31 mars 1849, D. P. 49, 2, 157 et Sir., 49, 2. 440 ; Civ. rej., 20 juin 1854, D. P. 54, 1, 305 et Sir., 54, 1, 593. Voy. cependant en sens divers : Bravard et Demangeat, t. V, p. 378 en note ; Lyon-Caen et Renault, *Précis de Droit commercial*, t. II, n. 2894.

aussi brièvement que possible les faits qui ont motivé les débats devant la cour de renvoi. Nous indiquerons ensuite les questions de droit qu'ils ont fait naître.

2. — Primus, investi d'une hypothèque judiciaire valablement acquise et inscrite avant le jugement déclaratif de la faillite de son débiteur, a voté au concordat, alors qu'au moment du vote le failli n'était propriétaire d'aucun immeuble. Plus tard, après la reddition de compte du syndic, la clôture des opérations de la faillite et la dissolution de l'union, l'homologation du concordat ayant été refusée, un autre créancier du failli, Secundus, qui avait également participé au vote du concordat, a requis inscription d'hypothèque judiciaire contre son débiteur en vertu d'un arrêt qui, avant son vote, l'avait admis au passif de la faillite et avait fixé le montant de sa créance. Le failli ayant recueilli des immeubles dans une succession après la dissolution de l'union, Secundus, agissant en sa qualité de créancier hypothécaire, a demandé, en vertu de l'article 508 du code de commerce, la nullité et la radiation de l'inscription prise par Primus.

Tels sont, en quelques mots, les faits qui ont engendré l'action qui a saisi les premiers juges.

3. — Ces faits exposés, reste à déterminer les points sur lesquels l'action de Secundus a fait porter la discussion.

Voici ces points :

I. — Le vote au concordat, par un créancier du failli investi d'une hypothèque judiciaire inscrite, emporte-t-il, de plein droit, renonciation à cette hypothèque, bien qu'au moment des opérations relatives au concordat et jusqu'à la dissolution de l'union il n'existât aucun immeuble dans les biens du failli ?

II. — La renonciation à l'hypothèque, en admettant qu'elle fût attachée de plein droit au vote, était-elle pure et simple et irrévocable, ou bien subordonnée à la conclusion du concordat, à son homologation et à son maintien ?

III. — La renonciation de l'article 508 du code de commerce a-t-elle pour objet l'hypothèque, c'est-à-dire le droit hypothécaire, ou seulement l'inscription prise pour la rendre efficace à l'égard des tiers ?

IV. — Cette renonciation est-elle générale et absolue ou bien édictée uniquement en faveur de la masse des créanciers ?

V. — L'arrêt qui a admis Secundus au passif de la faillite a-t-il emporté hypothèque judiciaire à son profit ?

VI. — Le vote au concordat par Secundus, postérieurement à l'arrêt qui l'avait admis au passif de la faillite, ne lui a-t-il pas, en tout cas, fait perdre son hypothèque judiciaire même non-inscrite à supposer qu'elle fût résultée de la décision dont s'agit ?

I. — *Le vote au concordat, par un créancier du failli investi d'une hypothèque judiciaire inscrite, emporte-t-il de plein droit renonciation à cette hypothèque, bien qu'au moment des opérations relatives au concordat et jusqu'à la dissolution de l'union il n'existât aucun immeuble dans les biens du failli ?*

4. — Nous avons vu par le court exposé des faits qui précède que le failli n'avait pas de biens immobiliers et que l'inscription de Primus, dont Secundus demandait la nullité et la radiation, frappait des immeubles acquis par le débiteur commun depuis la dissolution de l'union.

Ces circonstances devaient-elles faire écarter l'application de l'article 508 du code de commerce à Primus ?

L'affirmative a été soutenue dans l'intérêt de ce dernier.

Il résulte de l'esprit et du texte de l'article précité, a-t-on dit, que l'application doit en être restreinte au créancier investi d'une hypothèque actuellement efficace et non étendue à ceux dont le droit hypothécaire serait resté à l'état de droit stérile faute d'immeubles sur lesquels il pût s'exercer. Or Primus n'avait, en réalité, pas d'hypothèque au moment de son vote au concordat puisque le failli ne possédait pas d'immeubles : il n'était qu'un simple créancier chirographaire et n'avait pu, dès lors, perdre, par son vote, une hypothèque qui n'existait pas encore.

Cette argumentation avait certes une incontestable valeur. Elle pouvait d'ailleurs trouver un solide appui dans un arrêt de rejet de la chambre civile de la cour de cassation du 11 novembre 1867 (1) qui, il faut en convenir, paraît, au premier abord, favorable à la thèse soutenue au nom de l'appelant.

Cette thèse toutefois n'a pas triomphé devant la cour de Rouen.

Voici ce que nous lisons à ce sujet dans son arrêt :

« Attendu que le rang de l'hypothèque judiciaire se détermine, même pour les biens à venir, par la date de l'inscription, de sorte que celle de X..., si elle n'était pas éteinte par sa renonciation, primerait, sur les immeubles qui sont échus depuis à Louis, les hypothèques judiciaires d'une origine postérieure et notamment celle des consorts Y... »

L'arrêt condamne en quelques mots la prétention de l'appelant et la réponse qu'il fait à son argumentation en contient la complète réfutation.

Il est, en effet, inexact de dire que l'hypothèque judiciaire, dont l'inscription a été requise lorsque le débiteur n'était encore propriétaire d'aucun immeuble, était un droit inefficace et stérile, voire même inexistant. Cela serait vrai, si l'hypothèque ne prenait rang qu'au moment où les immeubles deviennent la propriété du débiteur. Mais il n'en est rien. Les biens à venir du débiteur sont comme ses biens présents frappés le jour même où l'inscription a été prise et, quoique le gage du créancier ne s'accroisse des biens à venir qu'au fur et à mesure de leur acquisition, l'inscription ne s'en empare pas moins et fait remonter rétroactivement le rang du créancier au jour où elle a été faite sur les registres du conservateur des hypothèques (2). En résumé, l'hypothèque judiciaire existe, en ce qui concerne les biens à venir, avant leur acquisition. Elle est subordonnée, sans doute, à la condition suspensive de cette acquisition. Mais dès que la condition s'est accomplie, elle a un effet rétroactif à la date de l'inscription.

5. — Reste maintenant à nous expliquer sur l'arrêt de rejet de la chambre civile dont nous avons parlé plus haut.

(1) Civ. rej., 11 novembre 1867, D. P. 67.1.405 et Sir., 68.1.17.

(2) Art. 2134, c. civ. ; — Grenier, *Hyp.*, I, n° 52 ; — Aubry et Rau, 4e édition, t. 3, § 265, n° 3, lettre *c*. p. 260 et § 291, p. 485 ; — Pont, *Privil. et Hyp.*, n° 599 ; — Lyon, 18 février 1829, Sir. 29.2.239 ; — Caen, 5 avril 1856, Sir. 57.2.63 ; Req. rej., 5 novembre 1873, D. P. 74.1.373 et Sir. 74.1.81.

On a soutenu (Voy. note en bas de l'arrêt de rejet dont s'agit, D. P. 67.1.405.) qu'il résultait de cette décision que le créancier à hypothèque générale, qui participait au vote du concordat de son débiteur failli, était réduit, par la force même des choses, à l'état de simple créancier chirographaire, si le failli, au moment du vote, ne possédait pas d'immeubles affectés à l'hypothèque.

En effet, dans l'espèce soumise à la cour de cassation, la voix de la femme du failli, mariée sous le régime dotal et séparée de biens, était indispensable à la constitution de la majorité requise par la loi pour la conclusion du concordat et la femme avait pris part au vote. Or la chambre civile, après avoir constaté, en fait, que le mari n'avait pas d'immeubles grevés de l'hypothèque légale et proclamé, dans les motifs de son arrêt, le maintien de l'hypothèque légale sur les biens à venir du failli, déclare que c'est à bon droit que la cour d'appel avait homologué le concordat. Il résulte donc de cet arrêt, a-t-on dit, que si la voix de la femme, à laquelle il était interdit de renoncer à son hypothèque légale (1), a été néanmoins comptée pour les opérations relatives au concordat, c'est précisément parce que le mari n'ayant pas d'immeubles affectés de cette hypothèque, la femme n'était qu'un créancier chirographaire et que l'article 508 du code de commerce, ne pouvait pas recevoir application dans la cause :

« Attendu, dès lors, dit la cour de Cassation, que la femme séparée de biens et admise au passif de la faillite de son mari

(1) Le vote au concordat n'entraîne pour le créancier la renonciation à son hypothèque qu'autant qu'il était capable de la consentir. Voy.: Dalloz. *Jurisp. génér.* V° *Faillite*, nos 697 et 701 et *Privil. et Hypoth.*, nos 2489 et s., ainsi que les arrêts rapportés *ibid.* ; — Civ. rej., 18 juillet 1843, Dalloz, *op. cit.*, V° *Minorité*, n° 514 ; — Aubry et Rau, *op. cit.*, t. 5, § 537 *bis* ; — Demangeat sur Bravard, t. 5, p. 374 ; — Lyon-Caen et Renault, *op. cit.*, t. 2, n° 2890.

Ainsi le mari, ayant le droit de disposer de la dot mobilière sous sa garantie personnelle et à la charge de l'hypothèque légale qui frappera ses immeubles, (Voy. notamment Req. rej., 1er août 1866, D. P. 66.1.446 et Sir. 66.1.602) renonce à l'hypothèque légale garantissant une créance dotale de sa femme, s'il prend part au vote du concordat du débiteur de cette créance. (Civ. cass., 26 août 1851, D. P. 51.1.283 et Sir. 51.1.805.)

Mais la femme mariée sous le régime dotal ne peut par aucun acte, même après la séparation de biens, renoncer à l'hypothèque légale destinée à assurer la restitution de sa dot. Il suit de là que lorsque le débiteur failli est le mari, sa femme mariée sous le régime précité n'a pas, en principe, voix dans les opérations relatives au concordat.

pour une créance dotale non garantie par son hypothèque légale, *à défaut d'immeubles sur lesquels cette hypothèque pût s'exercer efficacement*, doit être admise aux délibérations relatives au concordat; . . . .

« Que de même que le mari, qui dans la faillite du débiteur d'une créance dotale de sa femme aurait concouru au concordat, n'aurait pas, hors le cas de faute, excédé les bornes d'une simple administration et n'aurait pas à répondre envers sa femme de la remise partielle de la créance de celle-ci; de même la femme qui, à raison de sa créance dotale *non garantie par une hypothèque efficace*, concourt au concordat de son débiteur, fait un acte non de disposition et d'aliénation, mais de simple administration, à défaut duquel sa créance pourrait être entièrement compromise; etc., etc..... ».

Sans avoir à rechercher si, comme l'a jugé la chambre civile, le concordat devait être homologué dans l'espèce de l'arrêt de la cour d'appel contre lequel le pourvoi avait été formé, nous pensons que la décision de la cour suprême n'a pas la portée qu'on serait tenté de lui attribuer. De quoi s'agissait-il, en effet, devant la cour de cassation? De savoir, si une femme mariée sous le régime dotal et séparée de biens avait pu valablement concourir au concordat de son mari. La chambre civile répond affirmativement, en déclarant que le vote de la femme était un acte de simple administration non seulement parce que le mari ne possédait pas actuellement d'immeubles affectés de l'hypothèque légale de sa femme, mais encore parce qu'il ne se trouvait pas libéré envers celle-ci, par le seul effet du concordat et du payement des dividendes stipulés comme il l'est envers les autres créanciers. L'arrêt ajoute ensuite, et c'est là le point important à noter, « *que les principes protecteurs de la dot impliquent la persistance de l'action ou personnelle ou hypothécaire de la femme* pour la portion de cette dot dont elle n'a pu, à raison de l'état de faillite, réaliser le recouvrement, dans le cas où après l'entière exécution du concordat envers ses créanciers *d'autres biens adviendraient au mari* ». La cour de cassation fait donc dépendre le maintien de l'hypothèque légale sur les biens futurs du mari dont il s'occupe, non pas de la circonstance qu'au moment du vote au concordat le mari n'avait pas d'immeubles grevés de l'hypothèque légale, mais du principe protecteur de la dot. Il n'y a donc rien à induire de cet arrêt contre la thèse consacrée par la cour de renvoi, thèse à laquelle nous adhérons sans réserve.

§ II. — *La renonciation de Primus à son hypothèque, en admettant qu'elle fût attachée de plein droit à son vote, était-elle pure et simple et irrévocable, ou bien subordonnée à la conclusion du concordat, à son homologation et à son maintien?*

6. — Le tribunal de Rambouillet, dont la décision frappée d'appel a été confirmée par l'arrêt cassé, avait admis que le créancier hypothécaire, qui votait au concordat de son débiteur failli, perdait son hypothèque purement et simplement et irrévocablement. La chambre civile ne s'est pas prononcée sur ce point de droit intéressant ; elle a cassé, pour défaut de motifs, l'arrêt confirmatif qui avait négligé de statuer sur toutes les conclusions prises par l'appelant et elle a remis la cause et les parties au même et semblable état où elles étaient avant cet arrêt.

La cour de Rouen a confirmé à son tour la décision des premiers juges et nous croyons que son arrêt est à l'abri de toute critique.

La question est cependant très délicate. La jurisprudence paraît de plus en plus incliner dans le sens de la solution admise par la cour de Rouen. Mais la doctrine est profondément divisée et ce qui a perpétué la lutte jusqu'à ce jour, c'est que la cour suprême n'a pas encore dit son mot dans le débat.

Nous allons donc aborder à notre tour cette grave difficulté dont le siège est dans l'article 508 du code de commerce.

Cet article est ainsi conçu :

« Les créanciers hypothécaires inscrits ou dispensés d'inscription, et les créanciers privilégiés ou nantis d'un gage, n'auront pas voix dans les opérations relatives au concordat pour lesdites créances, et elles n'y seront comptées que s'ils renoncent à leurs hypothèques, gages ou privilèges. — Le vote au concordat emportera de plein droit cette renonciation ».

7. — L'interprétation d'un texte de loi doit être l'expression

de la volonté du législateur. Or, pour arriver à une traduction fidèle de cette volonté, il ne suffit pas de s'attacher au sens littéral de la loi. Il est nécessaire en outre d'en rechercher le but. Si le texte de la loi et l'esprit qui a présidé à sa rédaction s'accordent tous deux pour commander une solution, on ne saurait douter qu'elle renferme la vérité juridique.

Ce sont ces principes qui vont nous guider dans l'étude de cette difficulté.

Eh bien ! il résulte du but qu'a voulu atteindre le législateur et des termes dont il s'est servi dans l'article 508 que c'est le fait même du vote au concordat qui emporte de plein droit la renonciation du créancier à son hypothèque, sans avoir à se préoccuper du point de savoir si le concordat a été ou non conclu ou homologué, s'il a été maintenu, annulé ou résolu.

Cette proposition que nous plaçons en tête de notre discussion, nous allons maintenant la justifier.

8. — Les créanciers hypothécaires inscrits ou dispensés d'inscription et les créanciers privilégiés ou nantis d'un gage sont, en principe, grâce à la garantie qui leur a été conférée, certains d'être payés avant les autres. La réduction des créances et les atermoiements que votera la majorité ne leur sont pas opposables. Que leur importe, dès lors, que leur débiteur soit ou non replacé à la tête de ses affaires par un concordat, puisque, si leur gage est suffisant, ils sont sûrs de toucher le montant intégral de leurs créances ! Le défaut d'intérêt qu'ils ont à ce que les propositions du failli soient acceptées ou rejetées frappe leur vote de suspicion. Ils pourront consentir des sacrifices qui ne pèseront pas sur eux ou repousser, sans qu'il leur en coûte, un traité favorable à la masse. Il était donc à craindre, qu'en votant au concordat, ils ne se laissassent guider par des considérations absolument étrangères aux intérêts de la masse. Aussi était-il nécessaire de leur interdire le vote, à moins d'une renonciation préalable à leur gage, renonciation qui était seule de nature à imprimer à leur vote un caractère de sincérité. On pouvait sans doute les autoriser à assister aux délibérations sur le concordat (1) ; mais dès qu'ils veulent participer au vote, il fal-

(1) Art. 501, C. comm. ; — Dalloz, *Jurispr. génér.*, V° *Faillite*, n° 645 ; —

lait les mettre en demeure d'opter entre cette faculté et la déchéance de leurs garanties (1). La loi d'ailleurs devait prendre en considération le fait même du vote sans s'occuper de la conclusion du concordat ou de son homologation, si elle ne voulait pas manquer le but qu'elle se proposait. N'est-il pas évident, en effet, qu'un créancier hypothécaire ou privilégié aurait pu, à l'abri de son gage, prendre part aux opérations relatives au concordat uniquement pour en empêcher la formation, si la perte de son hypothèque était subordonnée à la conclusion du concordat? C'est ce qu'a fort bien compris le législateur, puisque, après avoir disposé dans l'article 508, 1er alinéa, que les voix des créanciers qu'il spécifie ne seront comptées que s'ils renoncent à leurs garanties, il ajoute, dans le 2e alinéa du même article, que le vote au concordat emportera de plein droit cette renonciation. Ainsi soit que l'on consulte les motifs de la loi, soit que l'on en examine les termes clairs, nets et précis, il est certain que le créancier encourt la déchéance de l'hypothèque, du gage ou du privilège par le seul fait de son vote au concordat. Et il en serait ainsi alors même que le créancier protesterait plus tard de son ignorance de la loi (2), ou que son vote aurait été accompagné de réserves expresses (3), ou que son droit d'hypothèque aurait fait l'objet d'une contestation au moment de son vote (4). Dire, en effet, que les voix des créanciers dont s'occupe notre article ne sont comptées que s'ils renoncent à leurs garanties, c'est décider virtuellement que la renonciation doit précéder le vote dont elle est la condition d'admissibilité. Dire enfin que le vote emportera de plein droit cette renonciation, c'est faire résulter la renonciation du fait même du vote (5).

Req. rej., 4 juillet 1855, D. P. 55. 1. 277; — Req. rej., 11 février 1880, Dalloz, *Jurispr. genér.*, *Supplément*, V° *Faillite*, n° 903 et Sir. 80. 1. 164.

(1) Voy. les autorites citées dans la note précédente.

(2) Rouen, 2 janvier 1851, D. P. 55. 2. 179.

(3) Civ. Cass., 26 août 1851, D. P. 51. 1. 283 et Sir. 51. 1. 805.

(4) Renouard, *Traité des faillites*, sur l'art. 508, t. 2, n° 11; — Bédarride, *Des faillites et banqueroutes*, t. 2, n° 487, p. 114; — Alauzet, *Des faillites*, t. 1, n° 2638; — Ruben de Couder, *Dictionnaire de droit commercial*, V° *Concordat*, n° 46; — Req. rej., 11 février 1880, Dalloz, *Jurispr. génér.*, *Supplément*, V° *Faillite*, n° 703 et Sir. 80. 1. 164.

(5) Geoffroy, *Code des faillites*, p. 181; — Demangeat sur Bravard, t. V,

9. — La doctrine que nous venons de défendre a cependant ses contradicteurs. Des autorités considérables enseignent que la renonciation à l'hypothèque, au gage ou au privilège résultant du vote au concordat a pour condition *sine qua non* l'exécution du traité et que le défaut d'homologation, l'annulation ou la résolution du concordat restitue aux créanciers tous les effets de leurs hypothèques, gages ou privilèges. Mais cette doctrine qui est en opposition avec l'esprit et le texte de la loi se réfute par les considérations que nous venons de faire valoir. Vainement objecte-t-on que le concordat est un contrat synallagmatique engendrant des obligations corrélatives et inséparables, que la renonciation des créanciers à leurs droits, renonciation faite précisément en échange des avantages promis par le concordat, doit être considérée comme non-avenue si le concordat qui les implique n'a pas été homologué, s'il a été annulé ou résolu et, *a fortiori*, s'il n'a pas été conclu. Cette objection n'est au fond qu'une pétition de principe. En effet, la base du raisonnement des partisans de la thèse que nous combattons est que le législateur n'aurait attaché la renonciation du créancier qu'à la conclusion définitive du concordat. Or, non seulement ce point reste sans démonstration, mais nous avons établi au contraire, *supra* n° 8, que la renonciation est une suite forcée, non de l'existence du concordat, mais du simple fait d'avoir voté dans la délibération qui doit le précéder (1).

p. 378 ; —Renouard, *op. cit.*, sur l'art. 508, n° 11 ; — Boistel, n° 1035 ; — Lyon-Caen et Renault, *op. cit.*, t. 2, n° 2890 et Lyon-Caen, Consultation, *Gazette du Palais* des 11, 12 et 13 septembre 1887 ; — Bordeaux, 22 août 1844, D. P. 92. 2. 445 à la note, lettre *a* et Sir., 45. 2. 287 ; — Bordeaux, 19 août 1858, Dalloz, *ibid*, à la note, lettre *b* et Sir. 59. 2. 150 ; — Trib. de St-Gaudens, 5 janvier 1887, D. P. 87. 3. 55 ; — Trib. de la Seine, 17 mai 1887, *Journ. des faillites*, 1887, p. 268 : — Rennes, 20 mai 1893, D. P. 93. 2. 331.

(1) Voy. dans le sens de l'opinion que nous combattons : Laroque Saissinel, *Formulaire général des faillites*, t. 1, n° 760 ; — Devilleneuve, Massé et Dutruc, *Diction. contentieux*, V° *Faillite*, édit. 1875, n° 884 ; — Bédarride, *op. cit.*, t. 2, n° 544 ; Rousseau et Defert, *Code des faillites*, art. 508 ; — Boileux sur Boulay-Paty, *Faillites*, t. 2, n° 558 ; — Gouget et Merger, *Dictionnaire de droit commercial*, V° *Concordat*, n° 28 ; — Laurin, *Traité de droit commercial*, n° 1115 ; — Ruben de Couder, *op. cit. ibid.*, n° 44 ; — Dalloz, *Jurispr. génér.*, V° *Faillites*, n° 701 et *Supplément*, n° 919.

On ne saurait invoquer en faveur de cette opinion un arrêt de la cour de Bour-

Dans l'espèce jugée par la cour de renvoi, la renonciation de Primus à son hypothèque était donc pure et simple et définitive, bien qu'une décision passée en force de chose jugée eût refusé d'homologuer le concordat.

§ III. — *La renonciation de l'article* 508 *du code de commerce a-t-elle pour objet l'hypothèque, c'est-à-dire le droit hypothécaire, ou seulement l'inscription prise pour la rendre efficace à l'égard des tiers ?*

10. — La renonciation du créancier hypothécaire a pour objet le droit hypothécaire et non l'inscription prise pour le vivifier (1). Ceci ne fait pas l'ombre d'un doute en présence du texte de l'article 508 et nous n'en parlerions même pas, si l'arrêt de la cour de Paris, cassé par la cour suprême, n'avait dans un de ses considérants émis une doctrine contraire :

« Considérant », avait dit la cour de Paris, « que c'est la déchéance seulement de l'inscription qu'il a encourue, son titre de créance restant entier et lui permettant d'en prendre une nouvelle à la dissolution de l'union, ce qu'il n'a pas fait ».

L'arrêt cassé avait confondu ainsi l'hypothèque, définie par l'article 2114 du code civil un droit réel sur les immeubles affectés à l'acquittement d'une obligation, et l'inscription, c'est-à-dire la description de ce droit sur les registres de la conserva-

ges du 15 mars 1865, Dalloz, *Jurispr. génér.*, supplément., *loc. cit.* et Sir., 66. 2. 149, parce que, dans l'espèce jugée par cet arrêt, aucun concordat n'était possible, à raison de l'insuffisance des sommes représentées par les créanciers présents aux deux assemblées. Le vote émis ne pouvait avoir aucune influence sur l'admission ou le rejet du concordat. Or, pour que l'article 508 soit applicable, il faut, tout au moins, comme le dit cet arrêt, une situation telle qu'un vote pour ou contre le concordat soit possible et doive être compté.

D'après Alauzet, *Commentaire du code de commerce*, 3e édit. t. 7, nos 2663 et s. le créancier hypothécaire encourt la déchéance quand le concordat est rejeté, tandis qu'il ne l'encourrait pas, au cas de refus d'homologation, d'annulation ou de résolution du concordat.

(1) Req. rej., 11 février 1880, Dalloz, *Jurisp. génér.*, Supplément, V° *Faillites*, n° 903 et Sir., 80. 1. 164.

La renonciation à une inscription hypothécaire n'emporte pas renonciation à l'hypothèque elle-même, à moins qu'il ne résulte des termes de l'acte que le créancier ait voulu renoncer à son hypothèque.

tion des hypothèques. En effet, la loi, dans l'article 508, parle de renonciation aux hypothèques, gages ou privilèges et non de renonciation à l'inscription. Ce qui condamne enfin la doctrine de la cour de Paris, c'est que, dans son système, le créancier hypothécaire *dispensé d'inscription* et le créancier *privilégié ou nanti d'un gage* ne renoncerait à rien du tout en votant au concordat, ce qui est absolument contraire à l'article 508.

§ IV. — *Cette renonciation est-elle générale et absolue ou bien édictée uniquement en faveur de la masse des créanciers ?*

11. — Bien que la réhabilitation seule fasse disparaître complètement l'état de faillite, la dissolution de l'union le modifie très profondément. Il résulte, en effet, de la disposition des articles 537 et 539 du code de commerce que, lorsque la liquidation de la faillite est achevée, les créanciers sont convoqués pour recevoir le compte des syndics et donner leur avis sur l'excusabilité du failli et, qu'après la clôture de cette assemblée, l'union est dissoute de plein droit et que les créanciers rentrent dans l'exercice de leurs actions individuelles tant contre la personne du failli que sur ses biens (1). Dès lors, en cas de survenance d'un nouvel actif, les opérations de la faillite restent closes définitivement et la reconstitution de la masse créancière qui a cessé d'exister n'est plus possible : il n'y a plus ni syndics, ni droits établis dans l'intérêt de la masse (2). Or s'il en est ainsi et ces principes sont incontestables, Secundus, a dit l'appelant, n'avait nullement qualité pour invoquer, à son profit, après la dissolution de l'état d'union, la renonciation de Primus à son hypothèque judiciaire, cette rénonciation ayant été édictée exclusivement dans l'intérêt de la masse. D'où il s'ensuivrait, d'après l'appelant, que si les syndics de la faillite avaient fait opérer la radiation de l'inscription faite par Primus, celui-ci aurait pu, depuis la dissolution de l'union, en requérir une nouvelle. Mais

(1) Depuis la loi du 22 juillet 1867 qui a aboli la contrainte par corps, les créanciers n'ont d'action que sur les biens du failli. Le bénéfice d'excusabilité n'existe donc plus.

(2) Dalloz, *Jurispr. génér.*, V° *Faillites*, n° 975 ; — Req. rej., 13 août 1862, D. P. 62. 1. 439 et Sir. 62. 1. 790.

comme cette radiation n'a pas eu lieu, ni le failli, ni ses créanciers ne seraient plus en droit de la faire opérer actuellement, en se fondant sur une renonciation qui, comme la nullité prononcée par les articles 446 et 447 du code de commerce, n'existe que relativement à la masse créancière.

12. — Il est parfaitement exact que la nullité des actes prononcée par les articles 446 et 447 du code de commerce n'est basée que sur une incapacité purement relative édictée dans le seul et unique intérêt de la masse des créanciers. Sont nuls et sans effet *relativement à la masse*, dit l'article 446 précité. Aussi, après la dissolution de l'état d'union, dissolution qui replace sous l'empire du droit commun le failli quant aux biens qui lui sont échus depuis, ce dernier, ainsi que les anciens créanciers de la masse dissoute, sont-ils sans qualité soit pour demander la nullité des hypothèques consenties dans les circonstances déterminées par lesdits articles 446 et 447, soit pour se prévaloir d'une décision judiciaire ayant annulé une hypothèque par application de ces articles (1). C'est en effet aux syndics seuls qu'il appartient de provoquer, dans l'intérêt de la masse, l'annulation des actes prévus par les articles 446 et 447 et de faire exécuter les jugements prononçant cette annulation (2). Mais la question n'est pas là. Ce qu'il s'agit de savoir, c'est, si la renonciation que le législateur attache de plein droit à la participation du créancier hypothécaire au vote du concordat est relative comme la nullité prononcée par les articles 446 et 447 et ne peut être invoquée, dès lors, que par la masse créancière et à son profit.

(1) Aubry et Rau, *op. cit.*, t. 3, § 266, texte, lettre *b*, p. 270 et 271 ; — Lyon-Caen et Renault, *op. cit.*, n° 2967 *ter* ; — Pont, *Privil. et Hypoth.*, 3e édit., t. 2, n° 880 ; — Dijon, 3 février 1865, D. P. 65. 2. 89 et Sir. 65. 2. 31 ; — Req. rej., 2 août 1866, D. P. 67. 1. 37 et Sir. 66. 1. 388.

(2) Lainné, *Des faillites*, p. 66 ; — Esnault, *Des faillites*, 1. 196 ; — Paris, 3 décembre 1846, D. P. 51. 2. 93 et Sir. 58. 1. 707 à la note ; — Orléans, 16 juin 1852, D. P. 54. 2. 222 et Sir. 53. 2. 661 et 663 ; — Aix, 7 août 1856, D. P. 56. 5. 214 et Sir. 56. 2. 561 ; — Req. rej., 15 juillet 1857, D. P. 57. 1. 385 et Sir. 58. 1. 705 ; — Paris, 23 juillet 1857, D. P. 57. 2. 207 ; — Douai, 17 février 1859, D. P. 59. 2. 63 et Sir. 59. 2. 294 ; — Req. rej., 17 juillet 1861, D. P. 62. 1, 117 et Sir. 62. 1. 374 ; — Req. rej., 30 juillet 1866, D. P. 67. 1. 38 et Sir. 66. 1. 385 ; — Bourges, 1er avril 1870, D. P. 72. 2. 30 et Sir. 71. 2. 72 ; — Aix, 23 août 1871, D. P. 73. 2. 225 ; — Req. rej., 18 février 1878, D. P. 78. 1. 291.

L'appelant a soutenu, devant la cour de renvoi, avec l'arrêt de la cour de Dijon du 8 février 1865 cité *suprà*, que la présomption de renonciation résultant d'après l'article 508 du code de commerce du vote au concordat était établie exclusivement en faveur de la masse et que, par suite, Secundus était sans qualité pour se prévaloir de cette renonciation, la dissolution de l'état d'union ayant mis fin à l'existence de la masse créancière.

Si cette thèse avait été fondée, la demande en nullité et en radiation de l'inscription prise par Primus aurait dû être rejetée. Secundus, en effet, n'aurait pu invoquer à son profit une renonciation établie, d'après cette doctrine, dans l'intérêt de la masse seule. Or, au moment où le débiteur failli avait acquis les immeubles frappés de l'inscription d'hypothèque judiciaire dont Secundus demandait la nullité et la radiation, la masse était dissoute.

13. — La cour de renvoi s'est écartée complétement de la théorie consacrée par la cour de Dijon. Elle a déclaré nulle et de nul effet à l'égard de Secundus l'inscription prise au profit de Primus.

« Attendu », dit la cour de renvoi « que le législateur, pour éviter que les opérations relatives au concordat ne soient faussées, déclare dans l'article 508 en termes généraux et absolus, sans distinguer entre les personnes intéressées à s'en prévaloir, que le vote au concordat entraîne, pour le créancier hypothécaire qui y a participé, la renonciation à son hypothèque ; — que cette renonciation, conséquence légale et forcée du vote, est un acte essentiellement unilatéral, parfait et efficace vis-à-vis de tous sans qu'il soit besoin d'acceptation, qu'elle constitue donc non une convention, mais le simple abandon d'un droit ; qu'il suit de ce qui précède que X., en prenant part au vote du concordat, a renoncé à son hypothèque et que les consorts Y., qui y ont intérêt, sont en droit d'invoquer cette renonciation ».

14. — La question n'a pas encore été jusqu'ici approfondie par la doctrine et quant à la jurisprudence, elle se réduit en réalité à deux arrêts contradictoires, celui de Dijon et celui de la cour de Rouen qui fait l'objet de notre étude.

La difficulté toutefois n'a pas passé inaperçue pour les auteurs.

Ils l'ont résolue généralement dans le sens de l'arrêt de la cour de Rouen. Mais leur opinion, sauf celle de Pont, est restée à l'état de simple affirmation. On trouve aussi deux arrêts qui ont effleuré la question et la solution qu'ils ont préjugée est contraire également à la doctrine de l'arrêt de la cour de Dijon.

Voici d'abord comment s'expriment MM. Aubry et Rau, *op. cit.*, § 272, texte n° 3, p. 332 : « L'inefficacité des inscriptions prises depuis le jour du jugement déclaratif de la faillite est purement relative et ne peut être opposée que par les créanciers de la masse. Il en résulte que le failli, après avoir obtenu un concordat, *auquel n'aurait pas concouru le créancier tardivement inscrit*, est non recevable à demander la radiation de son inscription, en offrant de lui payer le dividende fixé par le concordat ». Il faut donc conclure de ce passage que si le créancier tardivement inscrit avait concouru au vote du concordat, le failli serait recevable à demander la radiation de cette inscription. MM. Aubry et Rau citent à l'appui de leur opinion un arrêt de la cour de Rouen du 21 janvier 1862, ainsi qu'un arrêt de la chambre des requêtes du 10 février 1863 (1) et on lit notamment dans l'arrêt de la cour d'appel le considérant suivant : « concordat au vote duquel le sieur Dubut alors propriétaire de la susdite créance (créance hypothécaire inscrite dans l'espèce) n'avait pris aucune part ».

Ecoutons maintenant Pardessus, t. V, p. 289, 5e édit. et Renouard, *op. cit.*, t. 2, p. 24. Le 1er s'exprime ainsi : « Dans l'un et l'autre cas, au surplus, le créancier qui renoncerait à son hypothèque, ou à son gage ou à son privilège, *devenant de plein droit chirographaire*..... ». Quant au second, voici ce qu'il dit : « La loi prend soin de l'avertir que le fait seul de son vote au concordat *imprime de plein droit à sa créance le caractère purement chirographaire* ».

Bédarride, *op. cit.*, t. 2, n° 542, 4e édit., est encore beaucoup plus explicite.

Il en est de même de Gouget et Merger, V° *Concordat*, n° 28, de Ruben de Couder, *eod. v°* n° 43 ; de Lyon-Caen et Renault, t. 2,

(1) D. P. 63. 1. 300 et Sir. 63. 1. 262. Cet arrêt rejette le pourvoi formé contre la décision de la cour de Rouen dont il est question au texte.

n° 2890 et consultation insérée *Gazette du Palais*, n°s des 11, 12 et 13 septembre 1887 ; de Boistel, p. 761, n° 1035. Tous ces auteurs considèrent le droit de préférence du créancier hypothécaire éteint à jamais.

Arrivons maintenant à la jurisprudence. La question se trouve indiquée dans l'arrêt de la cour de Rouen du 21 janvier 1862 mentionné *suprà* et dans un arrêt de la chambre des requêtes du 11 février 1880, et, bien que ni la cour d'appel ni la cour de cassation n'aient statué formellement sur le point de droit que nous examinons, l'extinction absolue de l'hypothèque du créancier hypothécaire qui prend part au vote du concordat de son débiteur failli s'induit de leur décision (1).

Malgré ces précédents, l'appelant a soutenu que son hypothèque subsistait avec toute son efficacité et que Secundus était sans droit pour demander la radiation de l'inscription prise pour la conserver.

15. — On pouvait dire d'abord, dans l'intérêt de l'appelant, que le créancier hypothécaire qui renonce expressément à sa garantie pour que sa voix soit comptée dans les opérations relatives au concordat, conformément à la disposition de l'article 508, accomplit cet acte pour s'assurer le bénéfice d'un traité qu'il considère comme avantageux pour lui. Il veut partager le sort commun et, à cet effet, il abandonne son droit spécial. Mais en faveur de qui fait-il cet abandon ? — Evidemment en faveur de ceux avec lesquels sa renonciation lui donne le droit de voter au concordat. La renonciation du créancier hypothécaire a donc, d'après l'intention du renonçant, un caractère relatif : la masse créancière seule peut s'en prévaloir.

Si telle est la portée de la renonciation expresse, celle que la loi fait résulter de plein droit du fait même du vote au concordat ne peut être plus étendue. Elle ne saurait donc être invoquée après la dissolution de l'état d'union, lorsque les créanciers sont rentrés dans l'exercice de leurs droits individuels.

Ce raisonnement n'a aucune valeur. Il part de cette idée, dont il faudrait d'abord démontrer l'exactitude, que le créancier hypo-

(1) D. P. 63.1.300 et Sir. 63.1. 262 ; Dalloz, *Jurispr. génér., Supplément*, V° *Faillite*, n. 903 et Sir. 80.1.164.

thécaire qui renonce à son hypothèque a le droit de limiter les effets de sa renonciation. Or rien de semblable ne résulte des termes de l'article 508. Sa voix n'est comptée que s'il renonce à sa garantie et son intention est si peu prise en considération que s'il prend part au vote sans faire de renonciation, son vote emporte de plein droit renonciation à son hypothèque nonobstant toutes réserves expresses contraires (1). Ce qui achève enfin de condamner ce raisonnement, c'est qu'il suppose que la renonciation dépend du résultat du vote, tandis qu'elle en est absolument indépendante et doit le précéder ainsi que nous l'avons démontré *suprà*.

16.— L'avocat de l'appelant (2) ne s'est pas arrêté à l'argumentation que nous venons de réfuter. Pour faire triompher les prétentions de son client, il a invoqué par analogie l'article 446 du code de commerce qui frappe de nullité, mais relativement à la masse seulement, les actes passés par le failli dans la période suspecte et il a développé sa thèse avec son talent habituel et un choix d'expressions qui rendent attrayantes, dans sa bouche, les discussions sur les questions de droit les plus ardues. Nous essaierons de résumer en quelques mots sa brillante plaidoirie.

La nullité établie par l'article 446 du code de commerce, a-t-il dit, est prononcée exclusivement dans l'intérêt de la masse des créanciers. Elle ne peut profiter au failli et après la dissolution de l'union les créanciers n'ont pas davantage qualité pour en invoquer le bénéfice. La faillite a donné naissance à un régime spécial à la masse et ce régime prend naturellement fin avec cette dernière. Or ce qui est vrai pour les actes passés par le failli et atteints par la nullité de l'article 446, l'est aussi pour la renonciation résultant du vote du créancier hypothécaire au concordat. Cette renonciation est destinée à empêcher le créancier hypothécaire d'opprimer la masse. Elle doit, dès lors, cesser de produire effet, lorsqu'il n'y a plus de masse créancière. Secundus, par suite de la dissolution de l'état d'union, était donc irrecevable à venir demander la nullité de l'hypothèque judiciaire de Primus et la radiation de l'inscription prise pour la

(1) Civ. cass., 26 août 1851, D. P. 51.1.283 et Sir.51.1.805.
(2) Me Marais.

conserver. En un mot, cette hypothèque, valablement inscrite au moment du vote au concordat, aurait aujourd'hui pleine et entière efficacité quant aux biens immeubles advenus au failli, depuis la dissolution de l'état d'union. Primus, d'ailleurs, n'avait pas besoin de prendre une nouvelle inscription depuis la dissolution de l'état d'union, l'inscription primitive n'ayant pas été rayée à la requête des syndics ayant seuls qualité à cet effet (1). Vainement objecterait-on la différence de rédaction entre les articles 446 et 508, dont le premier parle de nullité *relativement à la masse*, et dont le second parle uniquement de renonciation. Cette objection serait loin d'être fondée, puisque les expressions *relativement à la masse* ne figurent pas non plus dans les articles 447 et 448 du code de commerce et que tout le monde est cependant d'accord pour admettre que les prescriptions de ces textes ne sont édictées que relativement à la masse (2).

Ce raisonnement a une très grande valeur. Nous n'avons pu toutefois nous rallier à l'opinion du savant jurisconsulte qui l'a développé. La thèse consacrée par la cour de renvoi nous paraît plus conforme à l'esprit et au texte de l'article 508 ainsi qu'aux principes généraux du droit.

Si nous consultons l'esprit de la loi, nous voyons que le législateur n'a nullement eu pour but, en prononçant la déchéance de l'article 508, de conférer un avantage à la masse en échange de ceux assurés par le concordat au créancier hypothécaire qui a participé au vote de ce traité. Le but de la loi, ainsi que nous l'avons démontré *suprà* n° 8, a été d'assurer la sincérité du vote et, pour le réaliser, elle impose au créancier hypothécaire la nécessité d'abandonner son hypothèque préalablement au vote. Sans doute si, après le payement des créanciers inscrits postérieurement à celui qui a voté au concordat, il restait une certaine

(1) Il est bien certain que si la présomption de renonciation résultant du vote au concordat était édictée uniquement au profit de la masse, Primus devrait primer Secundus. Celui-ci serait, en effet, ainsi que l'a soutenu l'appelant, sans qualité pour se prévaloir de cette renonciation et pour demander la radiation d'une inscription que les syndics seuls étaient en droit de faire rayer.

(2) Compr. les autorités citées *suprà* note 2, p. 15 et voy. notamment : Req. rej., 15 juillet 1857, D. P. 57, 1, 385 et Sir., 58, 1, 705.

somme disponible, il arriverait que la renonciation de ce dernier profiterait à la masse. Mais ce n'est là qu'une conséquence médiate de la renonciation et non le but qu'elle est destinée à atteindre. En un mot, la renonciation dont s'agit étant, dans l'esprit de la loi, l'abandon d'un droit réel, devait par cela même être absolue et ce caractère lui a été attribué par l'article 508 qui, à la différence de l'article 446 parlant de nullité *relativement à la masse*, s'exprime en termes généraux, sans faire de distinction entre les personnes intéressées à se prévaloir de la renonciation. Il est vrai que les nullités et inefficacités édictées par les articles 447 et 448 sont aussi établies *relativement à la masse*, bien que cependant ces dernières expressions ne figurent pas dans ces articles. Mais le rapport le plus étroit existe entre les articles 447 et 448 d'une part et l'article 446 d'autre part et si la nullité de plein droit édictée par ce dernier article est purement relative, il doit en être de même *a fortiori* de la nullité facultative que l'article 447 autorise à prononcer. On chercherait vainement au contraire un lien quelconque entre l'article 446 et l'article 508 dont les dispositions sont fondées sur des motifs absolument différents. Enfin ce qui à notre avis paraît décisif, c'est que la renonciation à un droit d'hypothèque est un acte essentiellement de droit civil et, qu'en l'absence dans le code de commerce de dispositions en déterminant la portée et l'étendue, il faut se référer naturellement aux règles tracées par le code civil (1). L'article 508 parlant de renonciation à l'hypothèque, sans s'expliquer autrement et sans tenir nullement compte de l'intention du créancier qui participe au vote du concordat, renvoie implicitement à l'article 2180 du code civil, en ce qui concerne la portée, l'étendue et les effets de cette renonciation.

(1) Arg. art. 18, c. com., 1107, 1153, 1341 et 2084, c. civ. ; — Favard, *Répert.*, V° *Acheteur*, n° 4 ; — Duranton, t. XVI, n° 380 ; *Dissertation de Devilleneuve*, Sir. 49. 1. 66 ; — Aubry et Rau, *op. cit.*, t, I, § 20, p. 34 ; — Demangeat sur Bravard, *op. cit.*, II, 400 et s. ; — Alauzet, II, n°s 1011 et 1012 ; — Boistel, p. 17 ; — Lyon-Caen et Renault, *op. cit.*, p. 25 et s. ; — Civ. cass., 5 juillet 1820, Sir. 21. 1. 14 ; — Douai, 10 juillet 1847, Sir. 49. 2. 12 ; — Req. rej., 6 juin 1848, D. P. 48. 1. 219 et Sir. 49. 1. 66 ; — Civ. Cass., 19 juin 1860, D. P. 60. 1. 249 et Sir. 60. 1, 689 ; — Req. rej., 19 février 1873, D. P. 73. 1. 301 et Sir. 73. 1. 273.

Or l'article précité porte que les privilèges et les hypothèques s'éteignent, 1° par l'extinction de l'obligation principale, 2° par la renonciation du créancier à l'hypothèque, etc., etc.. La renonciation dont nous nous occupons constitue donc, comme celle de l'article 2180, non une convention, mais un acte essentiellement unilatéral, sans aucune stipulation ou engagement au profit d'un tiers. Elle est, dès lors, parfaite et efficace vis-à-vis de tous, sans qu'il soit besoin d'acceptation et consomme l'extinction de l'hypothèque, l'article 2180 assimilant, quant à ses effets, la renonciation du créancier à son hypothèque à l'extinction de l'obligation principale et à l'accomplissement des formalités et conditions de la purge. D'où il suit que toute personne intéressée doit être admise à invoquer la présomption de renonciation résultant de l'article 508 et que la cour de renvoi a décidé, avec raison, que Secundus avait qualité pour s'en prévaloir (1).

§ V. — *Le jugement ou l'arrêt, qui avait admis Secundus au passif de la faillite, a-t-il emporté hypothèque judiciaire à son profit ?*

Il est de principe que tous jugements et arrêts proprement dits, c'est-à-dire les décisions qui rentrent dans l'exercice de la juridiction contentieuse, confèrent hypothèque, lorsqu'ils constatent l'existence d'une obligation à l'acquittement de laquelle le droit hypothécaire doit servir de garantie. Il n'est d'ailleurs pas nécessaire pour que ce résultat se produise que le jugement ou l'arrêt prononce une condamnation actuelle. Dès qu'il déclare l'une des parties créancière de l'autre d'une prestation appréciable en argent, il renferme le principe d'une condamnation et cela suffit pour qu'il emporte hypothèque (2). Or tel était bien le caractère que présentait l'arrêt de la cour en vertu duquel Secundus avait requis inscription d'hypothèque judiciaire. Cet arrêt, en effet, était une décision contentieuse qui avait statué sur les difficultés divisant Secundus et le failli au sujet de la créance

(1) Voy. outre les autorités déjà citées ; Pont, *op. cit.*, n. 1236.

(2) Grenier, *Hypoth.* I, n. 201, — Duranton, XX, 337 ; — Pont, *op. cit.*, n. 574 ; — Aubry et Rau, *op. cit.*, t. 3, p. 255, Notes 18 et s. ; — Civ. rej., 21 août 1810 et 16 février 1842, Sir. 11. 1. 29 et 42. 1. 714.

dont le 1er demandait son admission au passif de la faillite et avait fixé le montant de cette créance. Sans doute l'exécution de l'arrêt restait suspendue jusqu'à la clôture des opérations de la faillite et la dissolution de l'union (Articles 571, 443 et 446 cbn.). Mais il ne suivait nullement de là que cet arrêt n'était, comme on l'a soutenu au nom de Primus, qu'un bordereau judiciaire ou un acte d'administration de la faillite. L'arrêt dont il s'agit avait donc emporté hypothèque judiciaire sur les biens du failli au profit de Secundus.

§ VI. — *Le vote au concordat par Secundus, postérieurement au jugement ou à l'arrêt qui l'avait admis au passif de la faillite, ne lui a-t-il pas, en tout cas, fait perdre son hypothèque judiciaire même non inscrite, à supposer qu'elle fût résultée des décisions dont s'agit ?*

18. — L'appelant a soutenu subsidiairement, que si l'arrêt d'admission au passif de la faillite avait en réalité conféré une hypothèque judiciaire au profit de Secundus, celui-ci l'aurait perdue par sa propre participation au vote du concordat. Vainement Secundus objecterait-il pour échapper à cette déchéance, que son hypothèque était nulle et sans effet *relativement à la masse* et que les dispositions de l'article 508 ne s'appliquent pas aux créanciers dont les hypothèques sont frappées d'impuissance pendant l'existence de la masse par l'article 446. Cette objection ne serait pas fondée. Il faut, en effet, se garder de confondre les actes nuls avec les actes inexistants ou non avenus. Les premiers restent avec toute leur efficacité tant que l'annulation n'en a pas été prononcée par le juge (1). Or l'hypothèque judiciaire, dont aurait été investi Secundus, ne serait pas inexistante mais seulement nulle *relativement à la masse* et l'annulation n'en a jamais été ni demandée ni encore moins prononcée en justice.

Ce raisonnement ne pouvait pas et ne devait pas prévaloir devant la cour de renvoi et la raison en est bien simple c'est qu'il

(1) Aubry et Rau, *op. cit.*, t. 1, § 37, p. 122, texte et notes 15 à 18.

perdait de vue un des deux grands principes qui dominent notre système hypothécaire moderne, la publicité, et qu'il se heurtait de front contre le texte formel de notre article 508 qui a donné une nouvelle consécration à ce principe.

L'hypothèque judiciaire de Secundus, quoique frappée de nullité par les articles 443 et 446 du code de commerce, n'avait pas été, cela est vrai, annulée par une décision judiciaire et par conséquent l'intimé en était bien investi dans ses rapports avec son débiteur, au moment de sa participation au vote du concordat de ce dernier. Mais cette hypothèque était soumise à la formalité de l'inscription pour être efficace à l'égard des tiers, et par ce dernier mot il faut entendre dans cette matière même les créanciers chirographaires du débiteur commun. Or Secundus qui n'avait requis inscription qu'après la clôture des opérations de la faillite et la dissolution de l'union était, par suite, au moment de son vote au concordat, réduit à l'état de simple créancier chirographaire et ne pouvait renoncer à une hypothèque sans existence à l'égard des tiers. Voilà pourquoi l'article 508 ne prononce la déchéance qu'il édicte contre le créancier hypothécaire qui prend part au vote du concordat, que s'il est inscrit ou dispensé d'inscription. Les créanciers hypothécaires *inscrits ou dispensés d'inscription*, dit l'article 508....... n'auront pas voix dans les opérations relatives au concordat pour lesdites créances et elles n'y seront comptées que s'ils renoncent à leurs hypothèques......... Le vote au concordat emportera de plein droit cette renonciation.

La cour de Rouen nous paraît donc avoir fait une saine application des principes du droit et de ceux de la matière, lorsqu'elle décide « que Y... qui n'a requis inscription d'hypothèque judiciaire qu'après la clôture des opérations de la faillite et la dissolution de l'état d'union, était, au moment de son vote au concordat, un simple créancier chirographaire et participait de droit à ce vote qui ne pouvait impliquer de sa part aucune renonciation. »

Imp. G. Saint-Aubin et Thevenot, Saint-Dizier (Haute-Marne), 30, passage Verdeau, Paris.

DU MÊME AUTEUR

DE LA DISPENSE DE RENOUVELLEMENT

DES

INSCRIPTIONS HYPOTHÉCAIRES

EN CAS D'ADJUDICATION PAR SUITE DE SAISIE IMMOBILIÈRE

1892. — 1 brochure in-8 . . . . , . 0.60

COLLECTION DE CODES ÉTRANGERS

PROJET DE CODE CIVIL ALLEMAND, traduit avec introduction, par RAOUL DE LA GRASSERIE, juge au tribunal civil de Rennes, membre de la Société de Législation comparée, 1893, 1 vol. in-8. 8 fr.

I. — **CODE CIVIL ESPAGNOL**, promulgué le 24 juillet 1889, traduit et annoté par A. LEVÉ, vice-président du tribunal civil d'Avesnes, 1890, 1 vol. in-8. 8 fr.

II. — **CODE PÉNAL ITALIEN**, promulgué le 1er janvier 1890, suivi des dispositions transitoires, traduit et annoté par EDM. TURREL, avocat général de la Principauté de Monaco, membre de la Société de Législation comparée. 1890, 1 vol. in-8. 5 fr.

III. — **CODE DE COMMERCE ESPAGNOL**, promulgué le 22 août 1885, mis en vigueur le 1er janvier 1886, traduit et annoté par M. PRUDHOMME, substitut du procureur de la République à Sens, membre de la Société de Législation comparée, 1891, 1 vol. in-8. 8 fr.

IV. — **CODE DE COMMERCE ITALIEN**, traduit et annoté par EDM. TURREL, 1892, 1 vol. in-8. 6 fr.

V. — **CODE DE COMMERCE CHILIEN**, traduit et annoté par M. PRUDHOMME, 1892, 1 vol. in-8 8 fr.

VI. — **CODE DE COMMERCE ARGENTIN**, traduit et annoté par M. PRUDHOMME. 1893, 1 vol. in-8. 8 fr.

VII. — **CODE CIVIL DU CANTON DES GRISONS**, traduit et annoté par M. DE LA GRASSERIE, juge au tribunal de Rennes. 1893. 1 vol. in-8. 4 fr.

VIII. — **CODE CIVIL PORTUGAIS**, traduit et annoté par M. LEPELLETIER, docteur en droit, avocat à la cour de Caen, 1894, 1 vol. in-8. 8 fr.

IX. — **CODE DE COMMERCE HONGROIS**, traduit et annoté par M. DE LA GRASSERIE, juge au tribunal civil de Rennes (*Sous presse*).

POUR PARAITRE PROCHAINEMENT :

CODE CIVIL ITALIEN, traduit et annoté par M. TURREL, avocat général de la Principauté de Monaco.

CODE DE COMMERCE MEXICAIN, traduit et annoté par M. PRUDHOMME, substitut du procureur de la République à Sens.

CODE CIVIL CHILIEN, traduit et annoté par M. PRUDHOMME.

CODE CIVIL AUTRICHIEN, traduit et annoté par M. DE LA GRASSERIE, juge au tribunal civil de Rennes.

CODES SUÉDOIS, traduits et annotés par M. DE LA GRASSERIE, juge au tribunal civil de Rennes.

CODE CIVIL MEXICAIN, traduit et annoté par M. PRUDHOMME, subtitut à Sens.

Imp. G. Saint-Aubin et Thevenot, Saint-Dizier. 30, passage Verdeau, Paris.

www.ingramcontent.com/pod-product-compliance
Ingram Content Group UK Ltd.
Pitfield, Milton Keynes, MK11 3LW, UK
UKHW021043260726
13994UKWH00005B/2333

9 782329 170343